Círculo Rojo

PON A PRUEBA TU ESPAÑOL

PON A PRUEBA TU ESPAÑOL

Nivel B1

Test your Spanish skills B1
@tiempodeele

Círculo Rojo
EDITORIAL

Primera edición: septiembre 2025

ISBN: 979-13-7023-586-4
Impresión y encuadernación: Editorial Círculo Rojo

© Del texto: @tiempodeele
© Maquetación y diseño: Equipo de Editorial Círculo Rojo

Editorial Círculo Rojo
www.editorialcirculorojo.com
info@editorialcirculorojo.com

Impreso en España - Printed in Spain

Knowledge of languages is the doorway to wisdom

ROGER BACON

ESTUDIANTE, ESTAS PALABRAS SON PARA TI:

Este producto que tienes ahora entre tus manos es un complemento para el libro de texto que uses en tus clases de español y sirve para evaluar de manera rápida tus conocimientos adquiridos durante el curso de nivel B1. El objetivo principal es que puedas comprobar que has progresado y que has consolidado el contenido explicado por tu profesor o profesora (es decir, gramática y léxico), puesto que necesitarás dominarlo a la hora de comunicarte en situaciones reales.

El libro se divide en tres secciones. Por un lado, está el apartado de gramática. Por otro lado, está el apartado de léxico. Al final del libro tendrás las soluciones. También encontrarás al final un pequeño cuadro resumen con la selección de los contenidos que se han propuesto practicar aquí. De este modo, te resultará más fácil buscar en tu libro de texto las explicaciones que necesites.

¡Espero que te sirva!

STUDENT, THESE WORDS ARE FOR YOU:

This product you are holding in your hands is a supplement to the textbook you use in your Spanish classes. It is designed to quickly assess the knowledge you have acquired during the B1 level course. The main goal is for you to check that you have made progress and consolidated the content explained by your teacher (that is, grammar and vocabulary), since you will need to master it in order to communicate in real situations.

The book is divided into three sections. On the one hand, there is the grammar section. On the other hand, there is the vocabulary section. At the end of the book, you will find the answer key. You will also find at the end a short summary chart with the selection of contents proposed for practice here. This way, it will be easier for you to look up the explanations you need in your textbook.

I hope you find it useful!

ÍNDICE

PARTE I

GRAMÁTICA

PRUEBA 1

Actividad 1. Escribe en los espacios el tiempo pasado correspondiente:

Ejemplo:

El año pasado _____ (ir, yo) a Benissa.

El año pasado FUI a Benissa.

Ayer por la mañana, mi prima Carolina y yo _____ (salir) de casa para dar un paseo por la playa de Pinedo. El cielo _____ (estar) nublado, pero no _____ (llover), así que decidimos quedarnos paseando por la playa.

Mientras paseábamos, _____ (ver) a cuatro niñas que _____ (jugar) al vóleibol. Una de ellas _____ (caerse), pero rápidamente se levantó y _____ (seguir) jugando. Media hora más tarde, Carolina y yo _____ (sentarse) en un banco del paseo marítimo. Allí, _____ (empezar) a hablar sobre nuestras vidas y sobre lo que queríamos hacer en verano. Carolina me contó que _____ (querer) ir a un destino que tuviera playa, pero que todavía no _____ (decidir) a qué lugar exactamente. Quizá, Malta.

Cuando ya _____ (ser) las seis de la tarde, cogimos un autobús para volver a casa. Al llegar, nuestro padre nos _____ (preparar) una pizza para cenar y _____ (contar) que cuando no estábamos en casa, él _____ (recibir) una llamada importante del trabajo.

Actividad 2. Elige la respuesta correcta (a, b, c, d):

1. Este verano, Laia y yo ya _____ tres veces a Burgos.
a) fuimos
b) hemos ido
c) íbamos
d) vamos

2. Cuando era pequeña, siempre _____ con mis amigas en la plaza de Castellar.
a) juego
b) haya jugado
c) jugaba
d) jugaré

3. Ayer por la noche Luis, Victoria y yo _____ al cine porque hizo buen tiempo al final.
a) vemos
b) fuimos
c) iremos
d) íbamos

4. Andrea siempre _____ muy temprano para ir a trabajar al centro de salud.
a) se levanta
b) levanta
c) se levantar
d) levantarse

5. ¿_____ ayudarme con los deberes de estadística, por favor?
a) Podes
b) Puedes
c) Pedes
d) Poedes

6. Mi hermano Pedro _____ tres hijos: Pablo, Javier y Marcos.
a) tenga
b) tene
c) tener
d) tiene

7. ¿Tú _____ al gimnasio a entrenar todos los días con Ana?
a) vai
b) vasas
c) va
d) vas

8. No todos los días _____ la cama por la mañana. ¡Me da mucha pereza!
a) haco
b) hago
c) hace
d) hazo

9. Mis abuelos siempre me _____ la verdad.
a) decían
b) decen
c) dicin
d) dicenes

10. Ayer por la mañana ellos _____ mucho frío. ¡Viven en la montaña!

a) teneron

b) tenía

c) tuvieron

c) tenieron

PRUEBA 2

Actividad 1. Escribe en los espacios en blanco la forma correspondiente del presente de subjuntivo:

Este año estoy cursando 2º de Bachillerato en el instituto. Es un año muy importante y mis padres quieren que yo _____ (1)_____ (estudiar) mucho. Es necesario que yo _____ (2)_____ (sacar) buenas notas en todas las asignaturas para poder acceder al grado universitario que quiero hacer en la universidad: medicina. Ellos no dejan de recordarme que yo _____ (3)_____ (ser) más responsable y que _____(4)_____ (ayudar) a los demás siempre que sea posible.

María, mi profesora de latín, nos dice que _____(5)_____ (leer) un libro al mes y que no _____(6)_____ (perder) tanto tiempo con dispositivos digitales como el teléfono móvil, la tableta, el ordenador.... Creo que tiene razón, pero necesito que mis amigos también lo _____(7)_____ (hacer) para que no me _____(8)_____ (sentir) solo ni mal.

Ojalá este trimestre la profesora de Inglés no nos _____ (9)_____ (poner) demasiados deberes. Es comprensible que los profesores _____(10)_____ (querer) lo mejor para su alumnado y quieren que aprendamos. Sin embargo, es necesario que nosotros, los alumnos y las alumnas, _____(11)_____ (tener) tiempo libre para poder relajarnos, desconectar y hacer actividades que nos gusten y que no estén relacionadas con lo que estudiamos en el instituto cada día.

Actividad 2. Elige la respuesta correcta:

1. Es una vergüenza que tú no ___ nunca la verdad.
a) cuentas
b) cuentes
c) contes

2. José tiene un problema con el coche. Necesito que él ___ una solución pronto o no podrá ir a trabajar.
a) encuentra
b) encontre
c) encuentre

3. Ojalá mis amigos y yo ___ a tiempo a la estación del centro.
a) lleguemos
b) llegamos
c) llegemos

4. Es preferible que los adolescentes no ___ todo lo que leen y oyen por las redes sociales.
a) creyen
b) crean
c) creen

5. No creo que tú ___ razón en esta ocasión. Lo que cuentas no es cierto y no ocurrió exactamente como dices.
a) tengas
b) tienes
c) tenas

6. Mi familia prefiere que yo no ____ solo por el barrio por la noche porque es peligroso.
a) salgo
b) salga
c) salgue

7. Me molesta que no ____ lo que te he pedido.
a) haces
b) hacas
c) hagas

8. El profesor sugiere que nosotros ____ más en clase.
a) participemos
b) participamos
c) participamosmos

9. Espero que tú ____ bien después del accidente.
a) estás
b) estés
c) estéses

10. Es necesario que ellos ____ la verdad antes de tomar una decisión tan importante antes de comprar esa casa...
a) sepen
b) sepan
c) sepanen

PRUEBA 3

Actividad 1. Escribe en los espacios en blanco la forma correspondiente del presente de subjuntivo o de indicativo:

A mis amigas y a mí nos encanta planear nuestras vacaciones con tiempo. Esperamos que este año todo _____ (salir) bien, ya que el año anterior hubo problemas con el alojamiento, los vuelos, etc.

Personalmente, quiero que el hotel en el que nos quedemos _____ (tener) unas instalaciones cuidadas, buenas, etc. El hotel que hemos encontrado en internet parece de buena calidad porque yo he revisado las reseñas de su página web. No obstante, mis padres no se fían de esas reseñas porque las puede escribir cualquiera (quién sabe si sus conocidos, familiares, etc.) y prefieren que nosotras _____ (comprobar) todo antes de reservar.

Me encanta que mi amiga Sara _____ (organizar) todas las visitas y excursiones porque siempre tiene buenas ideas. Siempre sabe dónde ir, dónde comer, etc. ¡Es magnífica! Sin embargo, otra amiga, Carmen, quiere que yo _____ (encargarse) porque así tendremos más opciones a la hora de elegir las actividades.

Todavía no he mencionado a qué sitio iremos: Sicilia. Es innegable que hay muchísimos turistas que____ (visitar) esta isla, sobre todo en verano, por eso sería conveniente que nosotros ____ (llegar) sobre el mes de junio, para evitar la multitud.

Mi madre insiste en que nos ____ (llevar) protector solar todos los días. No le falta razón: el sol es peligroso y vamos a un destino de playa donde pasaremos muchas horas fuera de casa. Yo sé que ella _____ (tener) mucha razón.

Ojalá no ___ (llover) durante la semana del viaje. Siempre tenemos esa suerte de llegar a nuestro destino los días que no para de llover y cuando nos volvemos a nuestro país, sale el sol...

Actividad 2. Elige la respuesta correcta:

1. Creo que Laura _____ muchas horas al día griego.
a) estudia
b) estudie
c) estudies

2. Estoy contenta de que tú _____ conmigo hoy en mi casa: es mi cumpleaños.
a) estás
b) estés
c) estar

3. Es verdad que el autobús a Gandía _____ a las siete en punto.
a) salga
b) sale
c) salgas

4. Es probable que Lara no _____ dinero para ir a cenar porque se lo ha gastado todo comprándose ropa.
a) tiene
b) tenga
c) ten

5. Seguro que ellos _____ la respuesta correcta.
a) sepa
b) sepan
c) saben

6. Todos sabemos que pocas veces tú _____ la verdad.
a) dices
b) digas
c) decir

7. Necesito que mis amigos me _____ con este trabajo.
a) ayudan
b) ayuden
c) ayudanme

8. Yo creo que Andrés ___ hacer este ejercicio sin ayuda porque es bueno en química.
a) puede
b) pueda
c) puedes

9. Está claro que tú y yo no ___ preparados para presentarnos a las oposiciones.
a) estamos
b) estemos
c) estemosnos

10. Mariola, es mejor que no ___ de la discoteca tan tarde.
a) sales
b) salgas
c) sal

PRUEBA 4

Actividad 1. Escribe en los espacios en blanco la forma correspondiente del imperativo negativo de la segunda persona del singular (tú):

Recomendaciones para viajar a la India

No _____ (beber) agua del grifo. ¡Siempre tiene que ser agua embotellada! Cuando salgas del alojamiento y vayas por las calles, no_____ (despistarse). Coge bien tus cosas (como el móvil, la documentación…) y no las lleves expuestas (como llevarlas en una mochila en la espalda).

Cuando te entre hambre, deberías tener en cuenta varias cosas. Por ejemplo, no_____ (comer) en restaurantes en los que veas que no tienen muchos clientes. Además, fíjate a ver si el local está limpio…

Hay que ser respetuoso con las personas locales y con su cultura, por eso, cuando visites un lugar de culto religioso, no_____ (llevar) ropa demasiado corta o que pueda ser considerada como provocativa.

En zonas con mucha gente, no_____ (sacar) móviles caros o joyas, ya que son objetos con valor...

No_____(decir) que sí a personas que no conoces por la calle, aunque se ofrezcan a trasladarte en su coche privado, en su moto… ¡Mucho cuidado!

En lugares de culto, hay que ir descalzo. Por eso, no_____ (entrar) con los zapatos puestos.

Si decides coger un taxi, _____ (olvidar) comprobar si tiene un taxímetro o decidir/negociar el precio antes de empezar el recorrido.

Mira más recomendaciones aquí y fíjate en el vocabulario y en la gramática que usan en esta página web:

https://www.getyourguide.es/explorer/india-ttd169037/things-to-know-before-traveling-to-india?utm_source=getyourguide&utm_medium=sharing&utm_campaign=explorer-articles

Actividad 2. Corrige los errores del imperativo negativo (segunda persona del singular, tú) de las siguientes frases que son todo órdenes:

Ejemplo:

¡No *comes* nada durante la clase!

No comas nada durante las clases
_____

¡No *dices* nada en clase cuando hable el profesor, por favor!

_____

No *llegas* tarde a la reunión del trabajo, por favor. ¡Sé puntual, por favor!

_____

No *haces* ruido, los estudiantes están haciendo un examen de la PAU.

_____

No *pones* tus maletas aquí porque molestan al resto de pasajeros.

¡Carolina, no *te vas* sin despedirte de la tía Marisa!

No *vuelves* solo por la noche al salir de la discoteca.

No *inventas* excusas: no has aprobado el examen porque no has estudiado.

No *traes* souvenirs del viaje, por favor... Son todo trastos.

No *estás* nervioso por la entrevista del trabajo. Saldrá bien, ya lo verás.

No te *vistes* ahora porque no saldremos de casa hasta las 18 de la tarde.

PRUEBA 5

Actividad 1. ¡Práctica de las perífrasis! Completa con la perífrasis verbal adecuada: *empezar a + infinitivo, seguir + gerundio, dejar de + infinitivo, estar a punto de + infinitivo, volver a + infinitivo, llegar a + infinitivo.*

1. Cuando volví a casa por Fallas, mis hermanas, mis padres y mis primas _____ llorar de la emoción. ¡Hacía casi un año que no nos veíamos porque yo me fui a estudiar un máster en el extranjero!

2. Aunque llevaba muchas horas en la biblioteca, mi hermana _____ estudiando porque tenía examen.

3. Después de fumar durante 20 años, he decidido _____ fumar porque tengo mucha tos y no quiero empeorar más mi salud.

4. El examen _____ de empezar, por favor, apaguen los teléfonos móviles o cualquier otro dispositivo electrónico.

5. Mientras jugaba, Mario se hizo mucho daño, se desmayó, pero rápidamente se puso en pie y _____ correr como si no le hubiera pasado nada.

6. Después de muchos años de esfuerzo y estudio, José _____ conseguir el puesto de trabajo con el que había soñado: ser fiscal.

7. Después de cinco años sin poder verse por vivir en países diferentes y unos horarios muy complicados, Laia y Helena _____ hablar. ¡Qué pena!

8. Mi marido _____ prepararme el desayuno cuando vio que me acaba de despertar.

9. Una vez más, mis padres adoptivos, Teresa y Lucas, _____ a viajar a Canadá. Les encanta.

10. Luis estaba de los nervios, puesto que _____ hacer su exposición ante un tribunal de oposiciones.

11. Cuando entré a la sala del cine, justo _____ empezar la película. ¡Siempre me pasa lo mismo, llego a los sitios con el tiempo justo!

12. Aunque hacía un calor tremendo, los niños _____ jugando en la terraza de casa. ¡Les daba igual estar a 40º! ¡Qué valientes que son!

13. Mis padres están muy decepcionados porque _____ a suspender inglés.

14. Cada vez que sale el tema de política, nosotros siempre _____ discutir.

15. Como ya no hago deporte ni estoy haciendo dieta, he _____ de perder peso. ¡Ahora peso 5 kg más!

16. Mi teléfono sonó justo cuando yo _____ salir de casa. ¡Qué casualidad! Siempre me pillan en el momento más oportuno.

17. He _____ de hacer mi parte del proyecto porque mis compañeros del grupo no están haciendo nada y no quiero cargar con las tareas de los demás.

18. Durante el concierto, el público se puso muy contento cuando el cantante _____ cantar la canción que le hizo famoso.

Actividad 2. Corrige los errores de las perífrasis en las oraciones:

1. Cuando los padres dejaron al niño en el colegio, el niño **empezó de** llorar.

2. A pesar de estar todo el día en la biblioteca, Gabriel **siguió estudiar** hasta la madrugada.

_____

3. Laura **estuvo punto de** llorar porque casi pierde su vuelo a Estados Unidos. ¡Le costó mucho dinero el billete!

_____

4. Necesito urgentemente tu ayuda o no **llegaré de** terminar el trabajo para Biología.

_____

5. Pilar **ha dejado a** hablar a su vecina Teresa porque no le gustó lo que le dijo el otro día en la reunión de vecinos… ¡Madre mía!

_____

6. El autobús a Madrid **está punto a** cerrar las puertas. ¡No tardes en llegar!

_____

7. Sergio dijo que iba **dejar de fumar** esta semana.

_____

8. Este año **vuelvo a visitando** Valencia porque es una ciudad preciosa.

_____

PRUEBA 6

Actividad 1. Escribe la preposición correcta (a, en, por):

1. Esta semana tengo que a viajar ____ tren de cercanías a Castelló. ¡Qué aburrimiento de trayecto!
2. El colegio está ____ la avenida más importante de la ciudad.
3. Esta mañana, Irene ha llegado ____ la estación de metro muy tarde.
4. Andrea está interesada ____ aprender a bailar danza moderna. ¡Se ha apuntado a clases esta misma mañana!
5. La estación de tren está justo ____ el centro de Valencia.
6. Mi prima es muy buena _____ arte. ¡Dibuja de maravilla!
7. Laia vive ____ el séptimo piso.
8. La obra de teatro empieza ____ las siete de la tarde.
9. La calculadora está ____ el escritorio.
10. Se disculpó ____ no haber avisado.

Actividad 2. Escribe la preposición correcta (de, con, para):

1. Este plato de paella es ____ Luis.
2. Necesito hablar _____ mi nuevo proyecto a mis compañeras. Les va a encantar.
3. Estoy comiendo _____ mi amiga Sara en su casita de la sierra.
4. Hoy he ido al teatro ____ mis amigos.
5. Este libro es ____ música moderna.
6. Necesito una llave ____ abrir esta puerta.
7. Estoy orgullosa ____ ti, hija. ¡Has hecho un gran trabajo! ¡Te lo mereces!

8. Hablamos ___ nuestras preocupaciones en la sesión de hoy con el psicólogo.

9. En rebajas he podido comprar un jersey ___ lana muy bonito.

PRUEBA 7

Actividad 1. Escoge la forma correcta del futuro (a, b, c):

1. Esta tarde, yo _____ al gimnasio antes de las 19.
a) iré
b) iró
c) fui

2. El mes que viene, Lucas _____ a Ámsterdam un máster.
a) estudiaran
b) estudiará
c) estudiar

3. Nosotros _____ todo a tiempo para la fiesta.
a) preparemos
b) prepararéis
c) prepararemos

4. ¿Tú crees que Óscar _____ al ensayo hoy?
a) venerá
b) vendrá
c) venderá

5. En el futuro, mi familia y yo _____ en Groenlandia.
a) viviremos
b) vivamos
c) vivraremos

6. Los trabajadores _____ mucho dinero.
a) ganerán
b) ganarán
c) ganararan

7. Esta tarde, yo _____ un correo electrónico a mi jefe.
a) escribiré
b) escribirá
c) escribó

8. Mañana nosotras _____ la cena. ¡No os quejéis, anda!
a) Haceremos
b) Hacermos
c) Haremos

9. Tú _____ un bonito regalo.
a) recibrás
b) recibirás
c) reciberás

10. El próximo fin de semana, nosotros _____ a la montaña a pasar el fin de semana.
a) iramos
b) irmos
c) iremos

Actividad 2. Corrige los errores (si los hay, claro) para que las formas en negrita estén bien escritas en futuro.

1. Mañana **habrán** dos exámenes importantes en el instituto.
2. Si os levantáis a las 7 de la mañana, vosotros **llegaron** a tiempo al colegio.
3. Creo que **dirò** la verdad si el policía me pregunta.
4. ¿A qué hora **saldrás** vosotras del médico?
5. En el futuro, Helena **tenderá** un trabajo estable en Ámsterdam.
6. Cuando termine el grado de la universidad, **haró** un máster para tener una mejor formación y encontrar un buen trabajo.
7. Próximamente **podere** mudarme a mi nuevo apartamento en la playa.
8. Nosotras saldremos de casa a las 10 de la mañana, pero vosotros **vendrán** más tarde, sobre las 15 de la tarde.
9. Mañana me dicen las notas del examen de oposición. Cuando cuelguen el pdf en la página web yo te **llamar** enseguida.
10. Nada más puedan, ellos **pagarán** las facturas.
11. ¿Piensas que ellos **quieran** ir al pueblo de tu tía?
12. El verano que viene **venderé** a tu pueblo una semana para poder hacer más cosas.
13. En septiembre **empesaré** a trabajar en una oficina del centro de Castellón.
14. Si consigo la beca, **mejorerò** mi nivel de inglés porque podré estudiar un curso en Londres durante tres meses.

PRUEBA 8

Actividad 1. Escribe la forma correcta del condicional simple (*acabaría, vendrías*, etc.).

1. Sabiendo que has suspendido tres asignaturas, yo en tu lugar _____ (estudiar) más...
2. ¿Qué _____ (hacer) tú con muchos millones si te tocara la lotería?
3. Nosotros _____ (querer) ir a ese nuevo local que han abierto cerca del centro de la ciudad.
4. Mi pareja _____ (venir) a tu fiesta de cumpleaños, pero el lunes tiene un examen importante.
5. Tú _____ (poder) pedirme el libro si lo necesitas.
6. Ellos dijeron que no _____ (salir) de casa porque preferían quedarse jugando en el ordenador.
7. ¿Cuánto _____ (costar) ir a Chicago? ¡Me han dicho que es carísimo!
8. Yo _____ (estudiar) medicina, pero no sé si podría ver heridas…
9. Vosotros _____ (tener) mejor salud si hicierais más ejercicio cada semana.
10. Helena, Laia y Luis _____ (abrir) una discoteca si tuvieran más dinero. ¡Les encanta la fiesta!

Actividad 2. Elige la opción más adecuada (a, b, c):

1. Si acabara pronto todos los ejercicios que me ha puesto el profesor de repaso, yo _____ contigo a tomar un café.
a) voy
b) iría
c) fui

2. ¿Qué _____ tú si no tuvieras la obligación de trabajar?
a) haces
b) harías
c) hiciste

3. Nosotros _____ ir a la playa el 23 de junio por la tarde.
a) querríamos
b) querimos
c) quisimos

4. Si tú me ayudaras más en casa, yo _____ irme a la cama antes
y descansar.
a) podría
b) puedes
c) pudiste

5. Ellos dijeron que no _____ el día 29 de abril de fiesta.
a) saldría
b) salen
c) saldrían

6. ¿Cuánto _____ ese piso hace 10 años? ¡Ahora no se pueden
comprar ni pisos viejos que están para reformar! ¡Qué barbaridad!
a) costaría
b) cuesta
c) costó

7. Si yo fuera rico, _____ una donación a todos los hospitales
públicos para que pudieran dar mejores servicios.
a) haré
b) hago
c) haría

8. Vosotros _____ más felices si hablarais de vuestros problemas en terapia.
a) seríais
b) sois
c) fuisteis

9. Marta y Luis _____ una copistería, pero no tienen dinero suficiente para alquilar una planta baja.
a) abren
b) abrirían
c) abrieron

10. Yo en tu lugar _____ primero con tus padres.
a) hablaría
b) hablo
c) hablé

PRUEBA 9

Actividad 1. Elige *ser* o *estar* cuando corresponda:

1. Javier y Pablo *están/son* mis hermanos. ¿Los conocías? Viven en Madrid.
2. Hoy *está/es* miércoles y tenemos clase de catalán.
3. El cine *es/está* en la calle de la Mesa, al lado del centro comercial.
4. David *está/es* informático y trabaja en una empresa muy importante de ciberseguridad.
5. Nosotras *estamos/somos* en casa de los tíos de Cuenca este verano.
6. El claustro *está/es* a las 9.30 de la mañana.
7. La capital de Croacia *es/está* Zagreb.
8. Mis hermanas *son/están* en la habitación estudiando.
9. Este libro que habla de motores *es/está* de Marcos.
10. La fiesta de despedida de Paco *es/está* en el centro cultural.

Actividad 2. Ser/estar + adjetivo. Elige la opción correcta:

1. La salsa *es/está* rica, ¡me encanta cómo sabe! Te ha salido realmente bien.
2. Mi hija *es/está* muy lista. Desde bien pequeña es capaz de hacer y entender cosas de cursos superiores al suyo.
3. No sé qué me ocurre, pero creo que *soy/estoy* mala. Siento nauseas, mareo y mucho malestar.
4. Los alumnos del otro grupo dicen que el examen de química de la universidad *es/está* muy difícil.
5. Esa fruta *es/está* verde, así que no te la recomiendo comer. No creo que tenga buen sabor y estará dura seguramente.

6. Los estudiantes *son/están* aburridos porque no hacen ningún tipo de actividad en clase. Solo escuchar... durante dos horas...

7. Esa película *era/estaba* tan aburrida que tuve que salir del cine porque me estaba durmiendo.

8. Tengo unos amigos que valen millones: *son/están* atentos con los demás, te ayudan… una maravilla.

9. ¡Oye, Natalia! Tienes que *ser/estar* atenta en clase porque suspendiste el examen anterior. Por favor, toma apuntes, copia lo que él escriba en la pizarra…

10. Este niño *es/está* bueno. Tiene un buen comportamiento, es educado, etc.

Actividad 3. Corrige las frases si es necesario:

1. Mi madre **está** médico en una clínica privada que se llama *TÚ*.

_____

2. La fiesta de celebración **estará** el domingo por la tarde.

_____

3. Las chicas **son** en casa de Sara jugando a juegos de mesa.

_____

4. Este chocolate a la taza **es** muy caliente. Espera un poco antes de beberlo.

_____

5. La entrevista de trabajo **está** a las once y media de la mañana.

_____

6. El cine **está** muy grande, tiene muchas salas y cuatro pisos.

_____

7. Los asistentes a clase de baile **son** cansados y no lo hacen muy bien hoy.

_____

8. Hoy **es** nublado.

_____

9. Mis primos, Eugenio y Mar, **son** de vacaciones en Galicia.

_____

10. El presidente actual del país **está** el señor Sánchez.

_____

PARTE II

VOCABULARIO

PRUEBA 1

EDUCACIÓN

Actividad 1. Escribe las palabras en el hueco correspondiente. ¡Atención! Hay palabras que sobran:

estuche	deberes	gimnasio	laboratorio
proyecto	mochila	asignatura	calculadora
comedor	exámenes	excursiones	portátil
patio			

Mi instituto es enorme y moderno. Todos los días al llegar dejo mi mochila en el aula y me dirijo al _____(1)_____ para hacer deporte. Me encanta la asignatura de Educación Física porque me lo paso muy bien haciendo diferentes actividades con mis compañeros y compañeras de clase.

Más tarde, a las 10 empiezan otras clases, concretamente biología, mi _____(2)_____ favorita. En estas clases solemos realizar muchos experimentos en el _____(3)_____. Hay otra asignatura, Matemáticas. Algunas veces usamos la _____(4)_____ para resolver problemas difíciles, aunque el profesor prefiere que no la usemos y lo hagamos de manera manual.

Cuando llega la hora del recreo, todos los estudiantes bajamos para salir al _____(5)_____ para jugar, relajarnos, descansar y hablar con los amigos. Cuando este se termina, volvemos a clase. En la asignatura de Historia, ahora estamos haciendo un _____(6)_____ sobre el Renacimiento. Sara, Carmen y yo hacemos uso del _____(7)_____ para ir escribir nuestra tarea y buscar también información.

Cuando dan las 14h, vamos al _____(8)_____ porque es la hora de comer. La comida no está mal, pero prefiero los platos que cocinan mis padres en casa. Por la tarde, tenemos dos horas más de más clases. Siempre tenemos muchísimos _____(9)_____ para casa.

José, nuestro profesor de Física, dice que haremos _____(10)_____ la próxima semana…. Tengo que estudiar mucho. Esta primera parte del curso, tenemos programadas unas _____(11)_____ a museos. ¡Tengo muchas ganas!

Actividad 2. Relaciona las siguientes expresiones con su traducción correspondiente al inglés:

1. Prestar atención	a.	*To take notes*
2. Ser un empollón/a	b.	*To go blank*
3. Tomar apuntes	c.	*To pay attention*
4. Hacer novillos	d.	*To be a nerd/swot/bookworm*
5. Quedarse en blanco	e.	*To play truant*
6. Aprender de memoria	f.	*To learn by heart*
7. Ponerse las pilas	g.	*To get confused*
8. Copiarse en un examen	h.	*To cheat on an exam*
9. Entregar algo a tiempo	i.	*To hand in on time*
10. Hacerse un lío	j.	*To get your act together*

Actividad 3. Elige la expresión correcta de la actividad 2 y escríbela en la oración que corresponda. Es posible que tengas que conjugar algún verbo:

a) En clase de matemáticas tienes que _____ al profesor cuando explica porque si no lo haces, no sabrás hacer los ejercicios del examen.

b) Hoy Helena y Sergio _____. No han venido a clase y mis compañeros dicen que los han visto entrar juntos a una cafetería y han estado allí toda la mañana... El profesor estaba muy enfadado porque no han estado en la clase de hoy: era muy importante.

c) Laia e Irene no han podido _____ el trabajo a la profesora. Ellas tenían de tiempo hasta ayer a las 23.59.

d) El mes que viene es el examen de oposición y no tengo demasiado tiempo para _____ 75 temas... ¡Qué estrés! No me sé ninguno...

e) Esta mañana tenía un examen, pero no me ha salido muy bien... _____ , no recordaba nada y me ha dado un ataque de ansiedad.

f) Fernando lleva muchos meses sin hacer los deberes, sin tomar apuntes, sin estudiar... No quiere hacer nada, pero él tiene que entender que _____, jamás aprobará el curso. Sin esfuerzo, no hay recompensa.

g) Esta mañana han expulsado a Elvira de la prueba de francés porque la han pillado _____.

PRUEBA 2

<u>VIAJES</u>

Actividad 1. Completa los espacios en blanco con la palabra adecuada:

billetes	viaje	aeropuerto	hotel
taxi	vuelo	mapa	lugares

a. Hace dos veranos, Sergio y sus amigos hicieron un _____ a Italia, su país preferido. Lo primero que hicieron fue comprar los _____ y luego hicieron una reserva en un _____ en el centro de Florencia.

b. Mis amigos estado desde primera hora en el _____, ya que necesitaban facturar varias maletas.

c. El _____ con destino a Madrid ha despegado con 10 minutos de retraso.

d. Eusebio y Eustaquio han tenido que reservar un _____ para poder llegar al hotel.

e. En Valencia es posible ver muchos _____ turísticos. No es necesario comprar ni mirar un _____ porque es imposible perderse. Todos los sitios interesantes están muy cerca unos de otros.

Actividad 2. ¡Traduce! Relaciona cada expresión con su traducción:

1. *Plan a trip*	a. Hacer la maleta
2. *Travel abroad*	b. Viajar al extranjero
3. *Miss a flight*	c. Reservar un vuelo
4. *Book a flight*	d. Alquilar un coche
5. *Go sightseeing*	e. Planear un viaje
6. *Get lost*	f. Perder un vuelo
7. *Rent a car*	g. Perderse
8. *Pack your suitcase*	h. Hacer turismo

PRUEBA 3

LA CASA

Actividad 1. Completa los espacios en blanco con las palabras que faltan:

¡Me he comprado un apartamento nuevo!

Hace un año compré un apartamento nuevo en la playa del Saler. Esta semana pasada me dieron las llaves y ya he podido empezar a poner muebles, cortinas.... Os lo describo un poco:

Nada más entrar, se puede apreciar que es espacioso y tiene unas vistas espectaculares del mar desde el _____. En el _____ hay un sofá blanco, unas cortinas de color morado y una estantería donde he puesto mis lecturas favoritas.

La _____ no es muy grande, pero tiene de todo: microondas, vitrocerámica, horno y una pequeña mesa. Mi _____ tiene una cama grande y un vestidor. Me encanta el _____, porque tiene bañera.

La casa de mis sueños...

La _____ debe tener espacio suficiente para poder comer y cenar hasta 6 personas. Además, tiene que ser espaciosa para que quepan todos los utensilios para cocinar.

Es muy importante que la _____ sea grande para aparcar tanto coche como moto. Otra parte indispensable es el salón: necesito que las _____ sean grandes para que entre mucha luz.

Actividad 2. Asocia la expresión y el léxico con la situación que convenga. ¿En qué situación dirías...?:

Poner la mesa	Mudarse de casa
Sentirse como en su propia casa	Ser casero/a
Compartir piso	Hacer reformas en casa
Poner la casa patas arriba	Tirar la casa por la ventana

1. Vivo con mis tres mejores amigas porque el alquiler en mi ciudad cada día es más caro.
2. Hoy tengo invitados en casa para celebrar mi cumpleaños. Antes de comer, tengo que poner los cubiertos, los vasos, las servilletas y los platos...
3. Acabo de comprar un piso y me he cambiado de barrio. ¡Ahora estoy más cerca de mis amigos!
4. Mi mejor amiga, para celebrar su cumpleaños, no escatimó en gastos...
5. Si viajas bien acompañado, te sientes muy a gusto...

6. No te puedes imaginar el desorden que había en nuestra casa durante la mudanza, había cajas y muebles por todas partes por el pasillo, el salón... ¡Qué desastre!

7. A mi hermano no le hacen demasiada ilusión las discotecas. Sin duda, es muy casero.

8. Mis tíos, Pedro y Marisa, han querido cambiar algunas cosas de su casa: han hecho una habitación más grande, han cambiado todo el suelo, han puesto una cocina nueva, etc.

PRUEBA 4

Actividad 1. Escribe la palabra que falta en el espacio en blanco correspondiente:

trabajo	carrera profesional	correos electrónicos	despacho
proyectos	reunión	jefa	compañeros

El 27 de junio fue un día muy especial para Andrea. Estudió Medicina y cuando terminó la carrera, rápidamente consiguió su primer _____ en un centro de salud privado. Como era de esperar, estaba muy nerviosa, pero feliz.

Cuando llegó al centro de salud, la secretaria le presentó al _____, y también le explicó cómo funcionaba el departamento, los horarios, las tareas, etc. Además, ese mismo día pudo conocer también a sus _____, con quienes iba a trabajar en algunas de las guardias médicas. Más tarde, Andrea fue a su _____ y encendió el ordenador para saber cuántos pacientes iba a tener que atender durante su primera jornada laboral.

Durante su primer día, recibió algunos _____ con dudas de pacientes y los contestó al terminar sus consultas. Cuando se hizo la hora de comer, sus compañeras de trabajo la invitaron a la comida que iban a hacer en el restaurante de al lado del centro de salud para poder hablar del trabajo y de los _____ que tenían pendientes.

Por la tarde, sobre las 16h, Andrea fue a una _____ con el resto de compañeros de trabajo para poder planificar las tareas y la carga de trabajo de la semana siguiente.

Cuando Andrea finalizó su jornada, su coordinador la felicitó: —"¡Enhorabuena, Andrea! ¡Has trabajado muy bien! No tengo ninguna duda de que podrás desarrollar tu _____ de manera satisfactoria aquí."

Actividad 2. Empareja la expresión con la situación que más le convenga por significado:

a. No dar abasto b. Buscarse la vida c. Tirar currículums d. No dar abasto e. Hacer horas extra f. Tener enchufe g. Estar en paro h. Ganarse la vida i. Estar quemado	1. Estoy enviando muchos currículums porque ahora mismo no tengo trabajo. 2. Agustín sabe apañárselas solo. No sé cómo lo hace, pero siempre sale adelante ante cualquier dificultad y sin ayuda de nadie. 3. Últimamente salgo 2h más tarde del trabajo. Necesito dinero extra. 4. Mi hermano está harto de la empresa en la que trabaja. Lo noto muy alterado, enfadado, triste, sin energía… Ya no puede más. 5. Mi coordinadora me pide hacer tantas tareas que no me da tiempo a acabarlo todo. Mi tiempo es limitado. 6. El nuevo profesor de español ha conseguido su trabajo porque es conocido del director (y ni siquiera ha estudiado filología).

Actividad 3. ¡Hacemos de traductores! Empareja las palabras de ambas columnas:

1. Boss   a. Sindicato

2. Office   b. Ascenso

3. Wage   c. Despido

4. Job offer   d. Jefe

5. To quit   e. Sueldo

6. Working day   f. Oficina

7. Contract   g. Oferta de trabajo

8. Dismissal   h. Abandonar un puesto de trabajo

9. Promotion   i. Contrato

10. Trade union   j. Jornada laboral

PRUEBA 5

LA CIUDAD

Actividad 1. Escribe la palabra correcta en el espacio correspondiente:

> ayuntamiento, comisaría, semáforo, acera, centro comercial, farmacia, estación de autobuses, museo, mercado, biblioteca

1. Hoy he ido al médico porque me dolía la garganta. Me ha recetado paracetamol y tengo que ir a la _____ para comprarlo.
2. El autobús a Gandía sale a las 9.35 desde la _____.
3. Hay que prestar atención a la luz del _____ para cruzar la calle de manera segura.
4. Hoy iré al _____ para comprar carne y tomate.
5. Hoy visitaré una exposición de esculturas griegas en el _____. ¡Tengo entrades gratis!
6. Hoy han atracado a un chico y yo lo he acompañado a la _____ de policía para poner una denuncia.
7. Hoy he visto a la alcaldesa entrando al _____ a trabajar.
8. Últimamente es un poco estresante caminar por la _____ en el centro de la ciudad. Está lleno de gente.
9. ¿Sabes que han abierto un nuevo _____? Tendrá 4 plantas, más de 60 tiendas, etc.
10. El mes que viene tengo un examen muy importante y estoy yendo a la _____ para poder estudiar en silencio.

Actividad 2. ¡Traductor por un día!:

1. *Bridge*	a. Librería
2. *Fountain*	b. Puente
3. *Bus stop*	c. Parada de autobús
4. *Cemetery*	d. Juzgado
5. *Underground*	e. Plaza
6. *Skyscraper*	f. Guardería
7. *Square*	g. Fuente
8. *Court*	h. Metro
9. *Kindergarten*	i. Rascacielos
10. *Bookshop*	j. Cementerio

PRUEBA 6

LA CONTAMINACIÓN

Actividad 1. Escribe la palabra correcta:

> contaminación, emisiones, contenedor, energía renovable,
> aire, plástico, deforestación, cambio climático

1. Lo malo de las grandes ciudades es que tiene una contaminación del ____ altísima.
2. Por favor, Carolina, te he dicho muchas veces que uses cosas de cristal. Hay que reducir el uso de _____ para que no termine en el mar…
3. No me extraña que tantos animales mueran… Hay tanta _____ en ríos y mares…
4. Necesitamos políticas contra la contaminación más duras porque es la industria la que produce _____ de dióxido de carbono.
5. La basura se tira en el _____ ¡Fíjate en el color: amarillo, verde, azul…!
6. La energía solar es un claro ejemplo de _____.
7. No somos conscientes del peligro de la _____ para los incendios, los animales que viven en los bosques…
8. ¿Por qué hay gente que niega el _____? ¿No hay suficientes pruebas de que está teniendo consecuencias en el clima?

Actividad 2. Relaciona las palabras con su significado en español:

1. *Greenhouse effect*	a. Panel solar
2. *Climate change*	b. Cambio climático
3. *Solar panel*	c. Ecosistema
4. *Wind turbine*	d. Efecto invernadero
5. *Carbon footprint*	e. Huella de carbono
6. *Ozone layer*	f. Residuos tóxicos
7. *Biodegradable*	g. Biodegradable
8. *Chemical spill*	h. Turbina eólica
9. *Toxic waste*	i. Capa de Ozono
10. *Ecosystem*	j. Vertido químico

PRUEBA 7

LAS FIESTAS Y CELEBRACIONES

Actividad 1. Escribe las palabras en el hueco correspondiente.

el aperitivo	atender a los invitados	bailar	el banquete
la barra libre	casarse por la iglesia	celebrar	el brindis
el confeti			

Un día muy especial

El fin de semana pasado fue muy especial para mi hermana porque decidió _____ con su novio, Jaime, en Madrid. Todos los amigos y toda la familia estábamos realmente felices porque podíamos _____ juntos un momento muy importante para ella: su boda. Esta fue muy bonita, nos emocionamos mucho con las palabras que se dedicaron y más tarde, sobre las 14 del mediodía fuimos a un restaurante muy conocido y caro donde empezaron a servirnos _____ para ir comiendo algo hasta que los novios entrasen al salón. Además, los camareros empezaron a _____ con mucha amabilidad y muy sonrientes. Cuando la pareja llegó al restaurante, por fin el _____ empezó. Los platos eran principalmente de pescado o de carne y pocas verduras.

A las 16h, vino un dj, puso música de discoteca y todos los asistentes empezamos a _____. ¡La fiesta había empezado! A continuación, los camareros sacaron una tarta enorme y los novios hicieron un _____ con champán y dijeron unas palabras para agradecer a todo el mundo la asistencia. Montones y montones de _____ empezaron a caer cuando terminaron el discurso. ¡Lo mejor acaba de empezar! Se abrió la _____ para que quien quisiera pudiera pedirse el cóctel que más le gustaba.

¡Menuda celebración!

Actividad 2. Escribe la palabra adecuada en el espacio correspondiente:

luna de miel	pasarlo bien	decorar	limusina	
cumpleaños	homenaje	disfraz	cóctel	fiesta

1. Mi madre cumple 73 años esta semana y el fin de semana hemos pensado en hacerle una _____ sorpresa para celebrarlo.
2. Para la boda de mi prima, mis tíos han alquilado una _____ para llevar a la pareja hasta la iglesia donde se casarán.
3. Cuando llega Halloween, todos los niños del colegio quieren un _____ divertido, pero también terrorífico.
4. En la fiesta que hicimos con mis amigos, compramos una botella de alcohol para poder hacer mi _____ preferido: refresco de naranja y un poco de licor de almendras. ¡Qué bueno!
5. Marcos, en su último día de trabajo previo a la jubilación, tuvo una gran sorpresa. Sus compañeros de trabajo le hicieron un bonito _____ para despedirse de él.
6. Me casé este fin de semana y ahora estoy haciendo las maletas para ir a Roma en nuestra _____.
7. Para la fiesta de jubilación, vamos a _____ la sala con fotos de los amigos y muchos globos. También tiraremos un poco de confeti.
8. Ayer fue mi _____: 35 años. ¡Qué mayor, madre mía!
9. En cada fiesta, lo más importante es_____.

61

PRUEBA 8

SALUD

Actividad 1. Escribe la palabra correcta:

ejercicio	enfermera	pastilla	reposo	análisis
urgencias	inyección	clínica	higiene	dieta

1. Cuando tengo migraña, me tomo una _____ y me tumbo en la cama para ver si se me pasa.
2. Si quiero perder kg, el médico me ha aconsejado empezar ya a hacer _____, entre otras cosas.
3. Ayer tuve que ir a la _____ dental porque me di un golpe en la boca y se me partió un diente.
4. Es fundamental seguir una buena _____ equilibrada con frutas y verduras.
5. Me operaron ayer y no podré ir a trabajar porque necesito unos días de _____.
6. Fui al hospital ayer porque me dolía mucho la pierna. La enfermera me puso una _____ para intentar desinflamar la zona.
7. Mi madre es cirujana y mi hermana es _____.
8. Carlos necesita hacerse un _____ de sangre para ver si le ha bajado el colesterol.
9. Hoy hemos tenido que ir rápidamente a _____ porque nuestro hijo tenía 40 de fiebre.
10. La _____ es muy importante después de cada comida. Es necesario lavarse los dientes mínimo 2 veces al día.

Actividad 2. Relaciona cada palabra con su traducción:

1. *Blood pressure*
2. *Allergy*
3. *Cold*
4. *Cough*
5. *Sprain*
6. *X-ray*
7. *Scar*
8. *Bandage*
9. *Stitches*
10. *Health insurance*
11. *Appointment*
12. *Waiting room*

a. Resfriado
b. Presión arterial
c. Tos
d. Alergia
e. Esguince
f. Sala de espera
g. Seguro de salud
h. Cita médica
i. Rayos X
j. Cicatriz
k. Puntos
l. Venda

PRUEBA 9

ADJETIVOS DE CARÁCTER

Actividad 1. Escribe el adjetivo más adecuado para cada caso:

mentiroso	desobediente	sensible	atrevido	astuto
insoportable	bondadoso	rebelde	cruel	

1.   Yo soy muy _____: ya he hecho puenting y paracaidismo dos veces.

2.   ¡Qué _____es Hugo! En dos horas resolvió un enigma, gracias a un detalle que nadie más supo ver.

3.   Lucía siempre está dispuesta a ayudar. Es muy _____.

4.   Lo que estas personas le hacen al animal es muy _____; no soporté ver lo que hacían con ellos en la plaza. Tuve que salir de allí llorando.

5.   Alejandro nunca hace caso a sus padres. Sin duda es muy _____.

6.   Mateo, mi compañero de piso, es _____. Se deja todas sus cosas en el salón tiradas por el sofá, la mesa… Nunca se calla, aunque le digas que necesitas silencio para estudiar, fuma mucho, etc. ¡No puedo más!

7.   Esta adolescente es muy _____. No acepta las normas.

8.   No confío en Daniel. Es _____y siempre se inventa cosas para hacer creer a los demás que tiene una vida muy interesante, pero no es así.

9.   Laura es una persona _____. Llora y se emociona cuando lee, ve o escucha algo triste.

Actividad 2. Relaciona cada palabra con su traducción:

1. *Kind*
2. *Loyal*
3. *Boring*
4. *Unfriendly*
5. *Brave*
6. *Fair*
7. *Quiet*
8. *Fearful*
9. *Serious*

a. Aburrido, a
b. Amable
c. Antipático, a
d. Callado, a
e. Fiel
f. Justo, a
g. Miedoso, a
h. Serio, a
i. Valiente

SOLUCIONES

PARTE I: GRAMÁTICA

Prueba 1

Actividad 1:

Ayer por la mañana, mi prima Carolina y yo **SALIMOS** (salir) de casa para dar un paseo por la playa de Pinedo. El cielo **ESTABA** (estar) nublado, pero no **LLOVÍA/LLOVIÓ** (llover), así que decidimos quedarnos paseando por la playa.

Mientras paseábamos, **VIMOS** (ver) a cuatro niñas que **JUGA-BAN/ESTABAN JUGANDO** (jugar) al vóleibol. Una de ellas **SE CAYÓ** (caerse), pero rápidamente se levantó y **SIGUIÓ** (seguir) jugando.

Media hora más tarde, Carolina y yo **NOS SENTAMOS** (sentarse) en un banco del paseo marítimo. Allí, **EMPEZAMOS** (empezar) a hablar sobre nuestras vidas y sobre lo que queríamos hacer en verano. Carolina me contó que **QUERÍA** (querer) ir a un país con playa, pero que todavía no **SABÍA** (saber) a qué lugar exactamente. Quizá, Malta.

Cuando ya **ERAN** (ser) las seis de la tarde, cogimos un autobús para volver a casa. Al llegar, nuestro padre nos **HABÍA PREPA-RADO** (preparar) una pizza para cenar y **NOS CONTÓ** (contar, a nosotras) que cuando no estábamos en casa, él **HABÍA RECIBI-DO** (recibir) una llamada importante del trabajo.

Actividad 2:

1. B	*6. D*
2. C	*7. D*
3. B	*8. B*
4. A	*9. A*
5. B	*10. C*

Prueba 2

Actividad 1:

Este año estoy cursando 2º de Bachillerato en el instituto. Es un año muy importante y mis padres quieren que yo **ESTUDIE** (estudiar) mucho. Es necesario que yo **SAQUE** (sacar) buenas notas en todas las asignaturas para poder acceder al grado universitario que quiero hacer en la universidad: medicina. Ellos no dejan de recordarme que yo **SEA** (ser) más responsable y que **AYUDE** (ayudar) a los demás siempre que sea posible.

María, mi profesora de latín, nos dice que **LEAMOS** (leer) un libro al mes y que no **PERDAMOS** (perder) tanto tiempo con dispositivos digitales como el teléfono móvil, la tableta, el ordenador.... Creo que tiene razón, pero necesito que mis amigos también lo **HAGAN** (hacer) para que no me **SIENTA** (sentir) solo ni mal.

Ojalá este trimestre la profesora de Inglés no nos **PONGA** (poner) demasiados deberes. Es comprensible que los profesores **QUIERAN** (querer) lo mejor para su alumnado y quieren que aprendamos. Sin embargo, es necesario que nosotros, los alumnos y las alumnas, **TENGAMOS** (tener) tiempo libre para poder relajarnos, desconectar y hacer actividades que nos gusten y que no estén relacionadas con lo que estudiamos en el instituto cada día.

Actividad 2:

1B, 2C, 3A, 4B, 5A, 6B, 7B, 8A, 9B, 10B

Prueba 3

Actividad 1:

A mis amigas y a mí nos encanta planear nuestras vacaciones con tiempo. Esperamos que este año todo **SALGA** (salir) bien, ya que el año anterior hubo problemas con el alojamiento, los vuelos, etc.

Personalmente, quiero que el hotel en el que nos quedemos **TENGA** (tener) unas instalaciones cuidadas, buenas, etc. El hotel que hemos encontrado en internet parece de buena calidad porque yo he revisado las reseñas de su página web. No obstante, mis padres no se fían de esas reseñas porque las puede escribir cualquiera (quién sabe si sus conocidos, familiares, etc.) y prefieren que nosotras **COMPROBEMOS** (comprobar) todo antes de reservar.

Me encanta que mi amiga Sara **ORGANICE** (organizar) todas las visitas y excursiones porque siempre tiene buenas ideas. Siempre sabe dónde ir, dónde comer, etc. ¡Es magnífica! Sin embargo, otra amiga, Carmen, quiere que yo **ME ENCARGUE** (encargarse) porque así tendremos más opciones a la hora de elegir las actividades.

Todavía no he mencionado a qué sitio iremos: SICILIA. Es innegable que hay muchísimos turistas que **VISITAN** esta isla, sobre todo en verano, por eso es conveniente que nosotros **LLEGUEMOS** (llegar) sobre el mes de junio, para evitar la multitud.

Mi madre insiste en que nos **LLEVEMOS** (llevar) protector solar todos los días. No le falta razón: el sol es peligroso y vamos a un destino de playa donde pasaremos muchas horas fuera de casa. Yo sé que ella **TIENE** (tener) mucha razón.

Ojalá no **LLUEVA** (llover) durante la semana del viaje. Siempre tenemos esa suerte de llegar a nuestro destino los días que no para de llover y cuando nos volvemos a nuestro país, sale el sol…

Actividad 2:

1ª, 2B, 3B, 4B, 5C, 6ª, 7B, 8ª, 9ª, 10B

Prueba 4

Actividad 1:

No **BEBAS** (beber) agua del grifo. ¡Siempre tiene que ser agua embotellada!

Cuando salgas del alojamiento y vayas por las calles, no **TE DESPISTES** (despistarse). Coge bien tus cosas (como el móvil, la documentación…) y no las lleves expuestas (como llevarlas en una mochila en la espalda).

Cuando te entre hambre, deberías tener en cuenta varias cosas. Por ejemplo, no **COMAS** (comer) en restaurantes en los que veas que no tienen muchos clientes. Además, fíjate a ver si el local está limpio…

Hay que ser respetuoso con las personas locales y con su cultura, por eso, cuando visites un lugar de culto religioso, no **LLEVES** (llevar) ropa demasiado corta o que pueda ser considerada como provocativa.

En zonas con mucha gente, no **SAQUES** (sacar) móviles caros o joyas, ya que son objetos con valor...

No **DIGAS** decir) que sí a personas que no conoces por la calle, aunque se ofrezcan a trasladarte en su coche privado, en su moto… ¡Mucho cuidado!

En lugares de culto, hay que ir descalzo. Por eso, no **ENTRES** (entrar) con los zapatos puestos.

Si decides coger un taxi, **COMPROBAR** (olvidar) comprobar si tiene un taxímetro o decidir/negociar el precio antes de empezar el recorrido.

Actividad 2:

No *dices* > No digas
No *llegas* > No llegues
No *haces* > No hagas
No *pones* > No pongas
No *te vas* > No te vayas
No *vuelves* > No vuelvas
No *inventas* > No inventes
No *traes* > No traigas
No *estás* > No estés
No te *vistes* > No te vistas

Prueba 5

Actividad 1:

1. empezaron a
2. siguió
3. dejar de
4. está

10. estaba a punto de
11. acababa de
12. siguieron
13. he vuelto a

5. empezó

6. llegó a

7. dejaron de

8. empezó a

9. vuelven a / han vuelto a / volverán a

14. empezamos a

15. dejado de

16. estaba a punto de

17. dejado de

18. empezó a

Actividad 2:

1. Empezó a
2. Siguió estudiando
3. Estuvo a punto de
4. Llegaré a
5. Ha dejado de
6. Está a punto de
7. Dejar de

Prueba 6

Actividad 1:

1 a, 2 en, 3 a, 4 en, 5 en, 6 en, 7 en, 8 a, 9 en, 10 por

Actividad 2:

1 para/de, 2 de, 3 con, 4 con, 5 de, 6 para, 7 de, 8 de, 9 de

Prueba 7

Actividad 1:

1 A, 2B, 3C, 4B, 5 A, 6B, 7 A, 8C, 9B, 10 C

Actividad 2:

1 Habrá, 2 llegaréis, 3 diré, 4 saldréis, 5 tendrá, 6 haré, 7 podré, 8 vendréis, 9 llamaré, 10 CORRECTA, 11 querrán, 12 vendré, 13 empezaré, 14 mejoraré

Prueba 8

Actividad 1:

1 estudiaría, 2 harías, 3 querríamos, 4 vendría, 5 podrías, 6 saldrían, 7 costaría, 8 estudiaría, 9 tendríais, 10 abrirían

Actividad 2:

1B, 2B, 3 A, 4 A, 5C, 6 A, 7C, 8 A, 9B, 10 A

Prueba 9

Actividad 1:

1 son, 2 es, 3 está, 4 es, 5 estamos, 6 es, 7 es, 8 están, 9 es, 10 es

Actividad 2:

1 está, 2 es, 3 estoy, 4 es, 5 está, 6 están, 7 era, 8 son, 9 estar, 10 es

Actividad 3:

1 es, 2 será, 3 están, 4 está, 5 es, 6 es, 7 están, 8 está, 9 están, 10 es

PARTE II: VOCABULARIO

Prueba 1

Actividad 1:

1. Gimnasio, 2. Asignatura, 3. Laboratorio, 4. Calculadora, 5. Patio, 6. Proyecto, 7. Portátil, 8. Comedor, 9. Deberes, 10. Exámenes, 11. Excursiones

Actividad 2:

1C, 2D, 3A, 4E, 5B, 6F, 7J, 8H, 9i, 10G

Actividad 3:

a) Prestar atención
b) Han hecho novillos
c) Entregar a tiempo
d) Aprender de memoria
e) Me he quedado en blanco

f) Se pone las pilas
g) Copiando en el examen

Prueba 2

Actividad 1:

a.   Viaje, billetes, hotel
b.   Aeropuerto
c.   Vuelo
d.   Taxi
e.   Lugares, mapa

Actividad 2:

1E, 2B, 3F, 4C, 5H, 6G, 7D, 8A

Prueba 3

Actividad 1:

¡Me he comprado un apartamento nuevo!

Hace un año compré un apartamento nuevo en la playa del Saler. Esta semana pasada me dieron las llaves y ya he podido empezar a poner muebles, cortinas.... Os lo describo un poco:

Nada más entrar, se puede apreciar que es espacioso y tiene unas vistas espectaculares del mar desde el **BALCÓN** En el **SALÓN** hay un sofá blanco, unas cortinas de color morado y una estantería donde he puesto mis lecturas favoritas.

La **COCINA** no es muy grande, pero tiene de todo: microondas, vitrocerámica, horno y una pequeña mesa. Mi **HABITACIÓN/DORMITORIO** tiene una cama grande y un vestidor. Me encanta el **CUARTO DE BAÑO** porque tiene bañera.

La casa de mis sueños…

La casa de mis sueños tiene que ser una casa práctica y muy grande.

La **COCINA** debe tener espacio suficiente para poder comer y cenar hasta 6 personas. Además, tiene que ser espaciosa para que quepan todos los utensilios para cocinar.

Es muy importante que la **PLAZA DE GARAJE** sea grande para aparcar tanto coche como moto. Otra parte indispensable es el salón: necesito que las **VENTANAS** sean grandes para que entre mucha luz.

Actividad 2:

1. Compartir piso 2. Poner la mesa 3. Mudarse de casa
4. Tirar la casa por la ventana 5. Sentirse como en su propia casa
6. Poner la casa patas arriba 7. Ser Casero/a 8. Hacer reformes en casa

Prueba 4

Actividad 1:

El 27 de junio fue un día muy especial para Andrea. Estudió Medicina y cuando termino la carrera, rápidamente consiguió su primer **TRABAJO** como médico en un centro de salud privado. Como era de esperar, estaba muy nerviosa, pero feliz.

Cuando llegó al centro de salud, la secretaria le presentó a la **JEFA** y también le explicó cómo funcionaba el departamento, los horarios, las tareas, etc. Además, ese mismo día pudo conocer también a sus **COMPAÑEROS** con quienes iba a trabajar en algunas de las guardias médicas. Más tarde, Andrea fue a su **DESPACHO** y encendió el ordenador para saber cuántos pacientes iba a tener que atender durante su primera jornada laboral.

Durante su primer día, recibió algunos **CORREOS ELECTRÓ-NICOS** con dudas de pacientes y los contestó al terminar sus consultas. Cuando se hizo la hora de comer, sus compañeras de trabajo la invitaron a la comida que iban a hacer en el restaurante de al lado del centro de salud para poder hablar del trabajo y de los **PROYECTOS** que tenían pendientes.

Por la tarde, sobre las 16h, Andrea fue a una **REUNIÓN** con el resto de los compañeros de trabajo para poder planificar las tareas y la carga de trabajo de la semana siguiente.

Cuando Andrea finalizó su jornada, su coordinador la felicitó:

—"¡Enhorabuena, Andrea! ¡Has trabajado muy bien! No tengo ninguna duda de que podrás desarrollar de manera satisfactoria tu **CARRERA PROFESIONAL** aquí."

Actividad 2:

1G, 2B, 3E, 4i, 5D, 6F

Actividad 3:

1D, 2F, 3E, 4G, 5H, 6J, 7i, 8C, 9 B, 10A

Prueba 5

Actividad 1:

1. farmacia, 2. estación de autobuses, 3. semáforo, 4. mercado, 5. museo, 6. comisaría, 7. ayuntamiento, 8. centro comercial, 9. biblioteca

Actividad 2:

1B, 2G, 3C, 4J, 5H, 6i, 7E, 8D, 9F, 10 A

Prueba 6

Actividad 1:

1aire, 2 plástico, 3 contaminación, 4 emisiones, 5 contenedor, 6 energía renovable, 7 deforestación, 8 cambio climático

Actividad 2:

1D, 2B, 3 A, 4H, 6i, 7G, 8J, 9F, 10 C

Prueba 7

Actividad 1:

El fin de semana pasado fue muy especial para mi hermana porque decidió **CASARSE POR LA IGLESIA** con su novio, Jaime. Todos los amigos y toda la familia estábamos realmente felices porque podíamos **CELEBRAR** juntos un momento muy importante para ella: su boda. Esta fue muy bonita, nos emocionamos mucho con las palabras que se dedicaron y más tarde, sobre las

14 del mediodía fuimos a un restaurante muy conocido y caro donde empezaron a servirnos **EL APERITIVO** para ir comiendo algo hasta que los novios entrasen al salón. Además, los camareros trataban de **ATENDER A LOS INVITADOS** con mucha amabilidad. Cuando la pareja llegó al restaurante, por fin **el BANQUETE** empezó. Los platos estaban riquísimos y había mucha variedad: pescado, carne…

Una vez terminamos de comer, vino un dj, puso música y todos los asistentes empezamos a **BAILAR** ¡La fiesta había empezado! A continuación, los camareros sacaron una tarta enorme y los novios hicieron un **BRINDIS** con champán y dijeron unas palabras para agradecer a todo el mundo la asistencia. La gran sorpresa fue cuando un montón de **CONFETI** empezó a caer cuando terminaron el discurso y seguir la fiesta. ¡Lo mejor acaba de empezar! Se abrió la **BARRA LIBRE** para que quien quisiera pudiera pedirse el cóctel que más le gustaba.

¡Menuda celebración!

Actividad 2:

1 fiesta, 2 limusina, 3 disfraz, 4 cóctel, 5 homenaje, 6 luna de miel, 7 decorar, 8 cumpleaños, 9 pasarlo bien

Prueba 8

Actividad 1:

1 ejercicio, 2 ejercicio, 3 clínica, 4 dieta, 5 reposo, 6 inyección, 7 enfermera, 8 análisis, 9 urgencias, 10 higiene

Actividad 2:

1B, 2D, 3 A, 4C, 5E, 6i, 7J, 8L, 9G, 10G, 11H, 12F

Prueba 9

Actividad 1:

1 atrevida, 2 astuto, 3 bondadosa, 4 cruel, 5 desobediente, 6 insoportable, 7 rebelde, 8 mentiroso, 9 sensible

Actividad 2:

1 b, 2 e, 3 a, 4 c, 5 i, 6 f, 7 d, 8 g, 9 h

CUADRO DE CONTENIDOS

Prueba	Gramática	Vocabulario
1	Imperfecto de indicativo Pretérito perfecto de indicativo Pretérito pluscuamperfecto de indicativo Indefinido Presente de indicativo	Educación
2	Presente de subjuntivo	Viajes
3	Presente de subjuntivo vs indicativo	La casa
4	Imperativo negativo	El trabajo
5	Perífrasis verbales	La ciudad
6	Preposiciones	Contaminación
7	Futuro	Fiestas y celebraciones
8	Condicional	Salud
9	Ser, estar	Carácter

BIBLIOGRAFÍA

Real Academia Española: *Diccionario de la lengua española*, [versión en línea]. https://dle.rae.es

Real Academia Española y Asociación de Academias de la Lengua Española: *Nueva gramática de la lengua española* [en línea], 2009-2011.

Reverso. (n.d.). *Reverso context* (Online version). https://context.reverso.net/

WordReference. (n.d.). *WordReference* (Online version). https://www.wordreference.com/

If you liked this guide, follow me on Instagram!
If you enjoyed it and want more useful and practical content,
be sure to follow me on Instagram. Stay updated with our tips,
updates, and much more!

📷 **Follow me on Instagram:** @tiempodeele

See you there! 😊